MARC SONAL

LA DINETTE

DRAME EN UN ACTE

PARIS. — Ier

P.-V. STOCK, ÉDITEUR

(Ancienne Librairie TRESSE & STOCK)

155, RUE SAINT-HONORÉ, (PRÈS *la Civette*)

En face du Théâtre Français

1905

LA DINETTE

DRAME EN UN ACTE

Représenté pour la première fois, à Paris, sur le théâtre des
Fantaisies-Saint-Martin, le 30 octobre 1903.

Direction de Mme **Veuve Favart**.

Répertoire de la Société Lyrique.

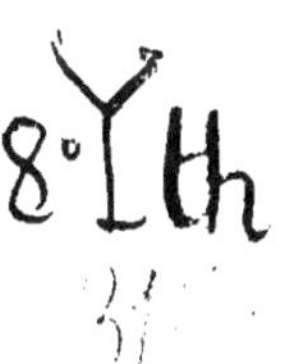

DU MÊME AUTEUR

Bisque pour deux ! comédie en un acte.
Le bureau Z, comédie en un acte.
Ce bon Cyprien, comédie en un acte.
Chapeau ! scène de ménage en un acte.
Le Client de Monsieur, pièce en un acte.
L'insertion 807, comédie en un acte.
Jalousie et Paravent. comédie en un acte.
Musique de chambre, comédie en un acte.
Nonoche, comédie en un acte
L'orage d'hier, comédie-vaudeville en un acte.
L'orangeade. comédie en un acte.
Un coup d'épée dans l'eau, comédie en un acte.
Une pièce du pape, comédie en un acte.
Poisson rouge, comédie en un acte.
Saturnin va plaider. vaudeville en un acte.
Théophile ou la justice du sort, vaudeville en un acte.
Le truc de Godillard. vaudeville en un acte.

---

8 bis, rue Papillon, vaudeville en un acte.
Un malade au second. vaudeville en un acte.
Le voyage en Suède. vaudeville en un acte.
La carte d'Hector, vaudeville en un acte.
Une poire pour la soif, vaudeville en un acte.
L'Essayeur, comédie en un acte.
La banquette irlandaise, comédie en un acte.
Un ménage en liberté, comédie en un acte.
L'élection Pouparel, comédie en un acte.
Modes à l'entresol. vaudeville en un acte.
On demande des jolies femmes, fantaisie musicale en
   un acte.
Une femme pour six sous, vaudeville en un acte.
La Villa Beaumignard, comédie-bouffe en trois actes.
          (M. Victor GRÉNON, collaborateur).
La petite à Bobinel, vaudeville en un acte.
L'intendant de papa, vaudeville en un acte.
          (M. P. de NÉHA, collaborateur)
La cabine nº 9. vaudeville en un acte,
Le départ du régiment, fantaisie militaire en un acte.
Les vacances de Toto, vaudeville en trois actes.
          (M. P. LAUREY, collaborateur)
Fausse manœuvre, comédie en un acte.
Kiki, folie-vaudeville en quatre actes.
Le coup du Téléphone, pièce en deux tableaux.
          (M. BERTOL-GRAIVIL, collaborateur).
Le mariage au yatagan, opéra-comique en un acte.
          (Musique de M. Marius CARMAN).
Le Rosier, opérette en un acte.
      (MM. Ch. BARET et F. BOISSIÈRE, collaborateurs).
Le locataire du sixième, vaudeville en **un acte.**
Le Mystère de la rue Gaillon. fait divers en un acte.
          (M. Ch. BARET, collaborateur.)

MARC SONAL

LA DINETTE

DRAME EN UN ACTE

PARIS. — I

P.-V. STOCK, ÉDITEUR

(Ancienne Librairie TRESSE & STOCK)

155, RUE SAINT-HONORÉ, (PRÈS *la Civette*)
en face du Théâtre-Français

—

1905

PERSONNAGES

ROGER, 26 ans. . . . . M. STENGEL.
MARCELLE, 24 ans. . . . . Mᵉˡˡᵉ LORSAIS.

De nos jours.

LA DINETTE

SCÈNE PREMIÈRE

ROGER, seul.

ROGER, lisant.

« Interrogé par le commissaire de police, le meurtrier s'est borné à répondre que sa femme l'exaspérait par ses coquetteries... Avant-hier, a-t-il ajouté, j'ai cru comprendre qu'elle me trompait; j'ai vu rouge et j'ai tué!... » (Blagueur.) Et allez donc!... « J'ai vu rouge et j'ai tué. » Ils sont épatants ! (Re-

pliant le journal qu'il pose sur le petit meuble devant lui.)
Brute ! (Se levant, en regardant l'heure à sa montre.) **Cinq
heures vingt...** (Un peu nerveux, en allant jeter un coup
d'œil sur la table.) **J'avance...**

> Coup de timbre. — Il va ouvrir à la porte de gauche. —
> Marcelle paraît.

SCÈNE II

MARCELLE, ROGER.

MARCELLE, entrant.

Je suis en retard.

> Elle se jette dans les bras de Roger.

ROGER.

D'un grand quart d'heure ! Toi, si exacte.

MARCELLE, relevant sa voilette.

J'ai failli ne pas venir, imagine-toi.

ROGER, inquiet.

A cause ?

MARCELLE.

Laisse-moi m'asseoir, j'ai marché vite.

> Elle s'asseoit sur le canapé et retire son chapeau.

ROGER.

As-tu soif ?

MARCELLE.

Non... Tiens si, au fait...

> Elle lui donne son chapeau.

ROGER, en allant le poser sur la cheminée.

Un verre de porto ?

MARCELLE.

Si tu veux.

ROGER, en versant.

Regarde donc notre dinette ; tu avais si faim mardi
dernier que j'ai pensé te faire plaisir...

MARCELLE, sans regarder : on la devine préoccupée.

Bonne idée.

ROGER, lui apportant le verre.

Et pourquoi ne serais-tu pas venue ?

MARCELLE.

A cause de ma belle-sœur ; celle qui habite Nice,
tu sais. Elle est à Paris depuis trois jours, installée
chez nous, comme de juste... Alors, tu penses !

Elle boit à petites gorgées.

ROGER, très gai.

La femme collante !

MARCELLE.

De la glu !... Du matin au soir avec elle dans les
magasins... Avant-hier, nous sommes rentrées dîner
à huit heures un quart... Mon mari était aux champs !
Tu sais comme il est nerveux depuis sa maladie.

ROGER, moins gai.

Je le sais parce que tu me l'as dit, ne le connaissant
pas... Et alors ?

MARCELLE.

Il a eu comme une attaque au dessert, figure-toi.

ROGER.

Ce n'est pas ça que je te demande. Comment as-
tu pu aujourd'hui ?...

MARCELLE.

Ma belle-sœur?... Je l'ai semée au Petit-Saint-Tho-
mas.

ROGER, riant.

Ça, c'est rigolo !

MARCELLE.

Elle me cherche encore, je parie.

ROGER.

Petite rosse !

Il l'embrasse dans le cou.

MARCELLE.

Je n'avais pas deux moyens. (Lui rendant le verre à moitié plein.) Assez.

ROGER.

Moi !

Il boit le reste et va remettre le verre sur la table.

MARCELLE, à part.

Comment lui expliquer ?...

ROGER, revenant s'asseoir à côté d'elle.

Sais-tu ce que j'ai lu au fond de ton verre ?

MARCELLE, l'esprit ailleurs.

Je ne devinerai pas ; dis !

ROGER, baissant la voix ; très amoureux.

Qu'on allait s'aimer encore mieux que mardi dernier.

MARCELLE, à mi-voix.

D'autant plus...

ROGER.

D'autant plus ?

MARCELLE, qui ne peut pas encore se décider à parler, affectant la gaîté.

D'autant plus que c'est comme ça toutes les fois.

ROGER, l'attirant dans ses bras.

Qui s'en plaint, madame ?

MARCELLE, la tête sur son épaule.

Vous peut-être, monsieur ?

ROGER.

Cinq mois déjà, dis donc, que tous les mardis, à cette heure-ci... Notre petit *five o'clock love !*

MARCELLE.

C'est vrai tout de même.

ROGER.

Je ne pourrais plus me passer de toi, tu sais !... Il me semble que si tu venais à me manquer subitement...

MARCELLE.

On l'aime donc bien ?

ROGER.

On l'adore !... Te rappelles-tu notre première rencontre, au parc Monceau ?

MARCELLE.

Un dimanche, trois heures et demie...

ROGER.

Tu avais un chapeau rouge.

MARCELLE.

Toi, un complet bleu.

ROGER.

Je l'ai fait teindre.

MARCELLE.

Moi, je l'ai donné.

ROGER, s'animant.

Mais ce n'est pas le chapeau qui m'a séduit. c'est la délicieuse petite tête qui était dessous... Ce n'est pas non plus ta robe que j'aime, c'est ton corps, ta chair...

MARCELLE.

Sois sage !

ROGER, plus bas.

Tout de suite, veux-tu ?

MARCELLE, se dégageant de l'étreinte.

Un petit moment, j'arrive. (Elle s'est levée et va à la table.) C'est vrai que c'est gentil ta dinette.

ROGER.

N'est-ce pas ?... (Se levant.) J'ai mis deux couverts pour me donner l'illusion que nous soupons en cabinet particulier... Puisque tu ne veux jamais.

MARCELLE.

Dis que je ne *peux* jamais.

ROGER.

Quand on sait s'arranger...

MARCELLE.

Tu crois ça ?... Marie-toi, pour voir !

ROGER, gaiment.

Je suis marié tous les mardis.

MARCELLE.

Mangeons, tiens ! (S'asseyant à gauche de la table.) Maintenant, j'ai faim.

ROGER, s'asseyant à droite.

Madame est servie. (Lui passant une assiette.) Sandwich ?

MARCELLE.

Le plus gros.

Elle se sert ; Roger en fait autant, en lui envoyant un

baisor du bout des lèvres. Marcelle le lui rend de la même façon. — Tous deux se mettent à manger ; un petit silence.

ROGER, la bouche pleine.

Bon ?

MARCELLE, id.

Très bon... (Encore un petit silence.) Tu connais Nice ?

ROGER.

Pas, et toi ?

MARCELLE.

Non plus.

ROGER.

Porto ou Malaga ?

MARCELLE.

Ça m'est égal.

ROGER, versant.

Malaga pour changer.

MARCELLE.

On dit que c'est si joli.

ROGER.

Le Malaga ?

MARCELLE.

Nice.

Elle boit.

ROGER.

Ah !... Le plus joli, c'est d'avoir les moyens d'y aller... (Il boit.) Mais à quel propos ?..

MARCELLE, saisissant enfin le moment.

Parce que...

Elle s'arrête.

ROGER, subitement inquiet.

Parce que quoi ?

MARCELLE, avec émotion.

Parce que, chéri... Je n'osais pas te le dire...

ROGER, anxieux.

Parle !... Mais parle donc !

MARCELLE.

Parce qu'il faut... (D'un trait.) Il faut que j'aille à Nice.

ROGER, tressaillant.

Toi !

MARCELLE vivement ; voulant, maintenant, expliquer.

Pas pour mon plaisir, tu penses ; c'est à cause...

ROGER, qui s'est levé, atrocement ému.

Dis-moi que c'est une blague, un bateau?...

MARCELLE.

A cause de mon mari... Il va beaucoup mieux, mais il est encore faible... Alors, Nice, n'est-ce pas, le bon air... Enfin, sa sœur est venue le chercher.

ROGER, arpentant la pièce.

Lui, mais pas toi !

MARCELLE.

Nous deux... Comment veux-tu?... Quelle raison?... Ça te fait de la peine?

ROGER.

Non, ça me fait rigoler ! Tu ne vois pas ?... Je me tords !

MARCELLE.

Mon pauvre chéri !

ROGER, en s'asseyant sur le canapé.

Et tu pars?

MARCELLE.

Demain matin.

ROGER.

Un mois, deux mois?...

MARCELLE.

Trois... (Vivement.) Mais je reviendrai; tu penses bien que sitôt revenue...

ROGER.

Tu ne reviendras pas! (Se levant.) Tu ne reviendras pas, parce que tu ne seras pas partie! Je ne veux pas que tu partes!... Tu entends? Je ne le veux pas!

MARCELLE, voulant le raisonner.

Ecoute, chéri...

ROGER, avec violence.

Tu ne partiras pas!... Tu n'as donc pas entendu ce que je viens de te dire? Que je ne pourrais plus me passer de toi!... *Je ne le pourrais plus*, comprends-tu?... Je ne t'ai qu'une fois par semaine, parce que tu m'as dit qu'il n'y avait pas moyen autrement; mais ces deux heures que tu me donnes tous les mardis, elles sont à moi! Je les veux! Tu n'as pas le droit de me les reprendre!

MARCELLE.

Le droit!... Mais, mon pauvre ami, tu parles comme un enfant, je suis mariée.

ROGER.

Quand me l'as-tu dit? Quand?

MARCELLE.

Allons, voyons...

ROGER, élevant peu à peu le ton.

Je veux dire : à quel moment?... Au bout d'un mois ! Quand, déjà, tu étais à moi ; quand je t'avais tenue, pâmée, dans mes bras...

MARCELLE s'énervant.

Crie-le bien fort !

ROGER, plus bas.

Quand on s'est donnée comme tu t'es donnée, oui, *comme tu t'es donnée*, on ne vient pas dire à son amant... Tu entends « son amant » : je t'ai assez vu, bonsoir !

MARCELLE.

Il y a des circonstances dans la vie...

ROGER.

Il n'y a pas de circonstances quand on s'aime. Il y a toi et moi.

MARCELLE.

Et mon mari .

ROGER.

Je ne le connais pas ton mari ! Je m'en fous de ton mari !

MARCELLE.

Mais, moi, je ne m'en *fous* pas, si tu le prends sur ce ton-là ! Et tant que je serai sa femme...

ROGER, rectifiant.

Tant que tu seras *ma maîtresse*.

MARCELLE, avec un geste d'impatience.

J'aurais pu ne pas te prévenir après tout !

ROGER, lui saisissant le bras.

Ne pas?..

MARCELLE.

Je n'avais qu'à t'écrire de là-bas...

ROGER, serrant.

Tu aurais fait ça ?

MARCELLE, essayant de se dégager.

Tu me fais mal !

ROGER, serrant plus fort.

Je te demande si tu l'aurais fait ?

MARCELLE, se dégageant brusquement.

Si je l'avais fait, tu ne me casserais pas le poignet !

ROGER.

Alors, tu serais sortie de cette chambre en me disant : « à mardi »? Dis-le! Mais dis-le donc!

MARCELLE.

Puisque je ne l'ai pas fait, à la fin! (Crise subite de larmes.) Est-ce ma faute si mon mari a été malade...

ROGER, crispé par ce mot de « mari ».

Ah!... « mon mari »!

MARCELLE, s'essuyant rapidement les yeux.

Veux-tu que j'aille lui dire que j'ai un amant; que cet amant *exige* que je reste? (Résolument.) Tiens, j'y vais!

Elle prend son chapeau et le met.

ROGER.

Tu es folle?

MARCELLE, voulant passer.

Si, si, ça vaudra mieux ; je serai libre.

ROGER, la retenant.

Ce n'est pas sérieux.

MARCELLE.

Je lui avoue tout, et je reviens.

Elle insiste pour sortir.

ROGER, lui barrant le chemin.

Tu ne lui dis rien, et tu pars.

MARCELLE.

Tu ne me retiendrais pas de force?

ROGER.

Tu ne t'en iras pas!

MARCELLE.

C'est pour plaisanter, n'est-ce pas? Je suis venue chez toi librement, j'entends sortir de même. Laisse-moi passer.

ROGER, la repoussant violemment.

Je te dis que tu ne sortiras pas!

MARCELLE, agressive.

Tu as bien trop peur que je tienne ma promesse, avoue-le donc! Tant qu'il s'agit d'abandonner son mari pendant trois mois, « ça s'arrange », comme tu dis; mais le quitter tout à fait!... Ah! mais non!... Tu ne t'en *fous* plus!... Et tu dis que tu m'aimes!... Je le connais ton amour et j'en mesure l'étendue: (Montrant la chambre à coucher.) Une paire de draps!

ROGER.

Comme si tu ne venais pas chercher ici les caresses qui te manquaient au lit conjugal?

MARCELLE.

Comme si tu n'avais pas été trop heureux de les

trouver? Mais quand je viens te demander un sacrifice, qui m'est aussi douloureux qu'à toi... (Roger
hausse les épaules.) Tu ne me crois pas ?

ROGER.

Non, je ne te crois pas!... Je le connais ton sacrifice, et j'en mesure aussi l'étendue : celui de ta
pudeur à un autre amant! Car tu n'es pas femme à
rester trois mois sans amour. Tu iras chez un autre,
comme tu es venue chez moi, en chatte amoureuse... Comme moi, tu l'affoleras de baisers; comme
à moi, tu lui donneras les mêmes étreintes!.. Mais
il ne saura pas te les rendre parce qu'il ne saura pas
t'aimer...

MARCELLE.

Qu'en sais-tu? (Roger tressaille ; elle se jette dans ses
bras.) Non, non, ce n'est pas vrai! C'est toi que
j'aime! Toi seul!

ROGER, l'étreignant.

Marcelle!... Je te retrouve!...

MARCELLE.

Prends-moi ! Serre-moi !

ROGER.

Jure-moi que tu ne t'en iras pas !

MARCELLE, pour ne pas répondre.

Embrasse-moi!... Fort, fort!

ROGER.

Tu le laisseras partir, n'est-ce pas?

MARCELLE, le regardant dans les yeux.

Veux-tu que je sois ta femme? Ta *vraie* femme?

ROGER.

Je t'adore!

Il veut l'entraîner dans la chambre, à droite.

MARCELLE, résistant.

Dis-le ! Je divorcerai...

ROGER, l'entrainant encore.

Viens !. .

MARCELLE, se dégageant brusquement

Et garde ton mari !... Merci ; pas aujourd'hui ! La chatte n'est plus amoureuse.

ROGER, rugissant de rage.

De moi ; mais d'un autre !

MARCELLE, baissant sa voilette, et très vite.

Ça se peut !

ROGER, très vite.

Un autre, qui va te rejoindre à Nice !

MARCELLE, id.

Nous partons ensemble.

ROGER, le poing levé, terrible.

Misérable !

MARCELLE, subitement effrayée, avec un cri.

Ah !

Roger l'a saisie à la gorge des deux mains et la tient, renversée, sur le dos du canapé.

MARCELLE, voulant crier.

Au secours !... Au sec...

ROGER, fou de rage, serrant furieusement.

Tu pars avec un amant !

MARCELLE, dans un râle.

Roger... Ecoute...

ROGER.

Coquine !

MARGELLE, même jeu.

Je pars... avec celui qui m'aime... avec... mon mari...

> Roger la lâche à ce mot de « mari »; elle tombe comme une masse.

ROGER, se jetant sur elle.

Marcelle!... Marcelle!... Morte!... Marcelle!... (se relevant et comme fou.) Je l'ai tuée! Je l'ai tuée!... (Saisissant le journal qu'il lisait au lever du rideau.) « J'ai vu rouge et j'ai tué! »

> Il s'agenouille devant le corps de Marcelle et éclate en sanglots.

Rideau.

Imprimerie Générale de Châtillon-s-Seine. — A. Pichat.

EN VENTE CHEZ LE MÊME ÉDITEUR

DRAMES (Format grand in-18 jésus)

fr. c.

P. D'AIGREMONT & J. DORNAY
Mère et Martyre, 5 a.. 1 50
M. BEAUBOURG
La Vie muette, 4 actes. 2 »
FR. BEAUVALLET
Le Forgeron de Châteaudun, 5 actes... 2 »
Le Portier du n° 15, 5 a. 2 »
B. BJORNSON
Une faillite, 4 a. (adaptation Schurmann et J. Lemaire)..... 2 »
H. BLONDEAU & L. JONATHAN
Carnot, 5 actes. ... 2 »
ERNEST BLUM
L'Espion du Roi, 5 act. 2 »
Rose Michel, 5 actes . 2 »
G. DE BOMPAR & H. DUCHEZ
L'Espionne, 5 actes.. 2 »
Sacrifice! 5 actes... 2 »
BONIS-CHARANCLE
L'Outrage, 1 acte. .. 1 »
R. BRINGER & G. RENNES
Le Bâtard Rouge, 5 a. 2 »
G. CHAMPAGNE
Les Martyrs de Strasbourg, 5 actes. ... 2 »
PAUL CHARTON
Devant l'Ennemi! 5 a.. 2 »
JULES CLARETIE
Les Mirabeau, 5 actes. 2 »
Le Régiment de Champagne, 5 actes. ... 2 »
HENRI CRISAFULLI
La Fataise de Penmarck, 5 actes ... 2 »
Les Postillons de Fougerolles, 5 actes... 2 »
P. DECOURCELLE
Les Deux Gosses, 8 tabl. 2 »
HENRI DEMESSE
Le Drame de Charmettes, 6 tableaux ... 2 »
Les Mères rivales, 5 a. 2 »
A. D'ENNERY & J. BRÉSIL
Diana, 5 actes .... 2 »
A. D'ENNERY & E. CORMON
Une Cause célèbre, 6 t. 2 »
Les Deux Orphelines, 5 actes. ..... 2 »
A. D'ENNERY & E. TARBÉ
Martyre! 5 actes... 2 «
L. DESCAVES
La Cage, 1 acte. ... 1 50
L. DESCAVES & G. DARIEN
Les Chapons, 1 acte.. 1 50
MAURICE DRACK
La Petiote, 5 actes .. 2 »

fr. c.

ECHEGARRAY
Le Grand Galéoto, 3 a. Adaptation Schurmann et J. Lemaire). 2 »
FONTANES
Le Porteur aux Halles, 5 actes...... 2 »
FONTANES & DECORI
La Fille du garde-chasse, 5 actes.... 2 »
PHILIPPE GILLE & W. BESNACH
Robert Macaire, 4 a.. 2 »
GRANGENEUVE
Amhra! 4 a. (in-8°) .. 4 »
E. GUGENHEIM & G. LE FAURE
Jean la Cocarde, 5 act. 2 »
GASTON HIRSCH
En Grève, 5 actes... 2 »
HENRIK IBSEN
Les Revenants, 3 actes. (trad. R. Darzens... 2 »
FERNAND ICRES
Les Bouchers, 1 acte.. 1 50
G. DE LABRUYÈRE
Le Retour de l'Aigle, 1 acte....... 1 50
H. LAFONTAINE & G. RICHARD
Pierre Gendron, 3 a. . 2 »
CAMILLE LEMONNIER A. BAHIER & J. DUBOIS
Un Mâle, 4 actes ... 2 »
P. MAHALIN & L. PÉRICAUD
La Belle Limonadière, 5 actes....... 2 »
GASTON MAROT
Augereau, 5 actes. .. 2 »
La Casquette au père Bugeaud, 5 actes.. 2 »
Casse-Museau, 5 actes. 2 »
Kléber, 5 actes. ... 2 »
La Petite Mionne, 5 a. 2 »
GASTON MAROT & L. PÉRICAUD
Les Français au Tonkin, 5 actes..... 2 »
Jack l'Éventreur, 5 a. 2 »
La Mère la Victoire, 5 a. 2 »
Le Père Chasselas, 5 a. 2 »
J. DE MARTHOLD
Caïn, 5 actes ..... 2 »
Le Juge d'Instruction, 5 actes....... 2 »
Pascal Fargeau, 1 act. 1 »
JULES MARY
Fée Printemps, 5 act. 2 »
La Pocharde, 5 actes. 2 »
Sabre au Clair, 5 a.. 2 »
JULES MARY & G. GRISIER
Maître d'armes, 5 a. . 2 »
Le Régiment, 3 actes . 2 »
Roger-la-Honte, 5 act.. 2 »

fr. c.

JULES MARY & E. ROCHARD
Les Dernières Cartouches, 5 actes ..... 2 »
A. MAUJAN
Jacques Bonhomme, 5 a. 2 »
ÉMILE MAX
Les Cambrioleurs, 5 a.. 2 »
Carmagnol, 5 actes .. 2 »
Jacques Foyan, 1 acte. 1 »
Serment d'ivrogne, 1 a. 1 »
O. MÉTÉNIER
La Casserole, 1 acte.. 1 50
En Famille, 1 acte .. 1 50
X. DE MONTÉPIN
La Femme de Paillasse, 6 actes....... 2 »
La Maison du Mari, 5 a. 2 »
X. DE MONTEPIN & J. DORNAY
La Marchande de Fleurs, 5 actes.. 2 »
La Policière, 6 tabl... 2 »
La Porteuse de Pain, 5 a. 2 »
L. MULLEM
Dans le Rêve, 1 acte.. 1 50
Une Nouvelle École, 1 a. 1 50
OSTROVSKY
L'Orage, 5 a. (traduct. Pavlovsky et Méténier)....... 2 »
GEORGES PETIT
L'Affaire Fauconnier, 4 actes....... 2 »
Le Grand-Père, 1 acte. 1 »
EDOUARD PHILIPPE
Casque en fer, 5 actes. 2 »
La Petite Duchesse, 5 a. 2 »
CH. RAYMOND
La Faim, 1 acte.... 1 50
G. RENNES & L. VIDAL
Victime! 5 actes.... 2 »
GEORGES RICHARD
Les Enfants, 3 actes.. 2 »
A. ROUQUÈS
La Première salve, 1 a. 1 »
JEAN SIGAUX
Le Paysan, 1 acte. .. 1 »
A. SYLVESTRE & G. MAILLARD
La Tési, 4 actes.... 2 »
TOLSTOI
La Puissance des Ténèbres, 5 a. trad. (Pavlovsky et Méténier) . 2 »
ALFRED TOUROUDE
Jane, 3 actes ..... 2 »
Un Lâche, 5 actes. .. 2 »
L'Oubliée, 4 actes... 2 »
Le Secret de Rocbrune, 5 actes. ...... 2 »
L. TRÉZÉNIK
La Françoise, 1 acte.. 1 »
V. DE L'ISLE-ADAM
L'Évasion, 1 acte.... 1 50

Imprimerie Générale de Châtillon-sur-Seine. — A. PICHAT.

www.ingramcontent.com/pod-product-compliance
Lightning Source LLC
LaVergne TN
LVHW010305190726
843502LV00014B/2529